7
Lk 7310.

NOTICE

SUR

NOTRE-DAME DE BOURG,

PAR

M. Joseph BARD,

DE LA SOCIÉTÉ ROYALE D'ÉMULATION DU DÉPARTEMENT DE L'AIN.

LYON.

IMPRIMERIE DE LÉON BOITEL

QUAI SAINT-ANTOINE, 36.

—

1847.

EXTRAIT DE LA REVUE DU LYONNAIS.

NOTRE-DAME DE BOURG.

1.

L'ancienne cathédrale de Bourg ne doit qu'à son voisinage des fabuleuses magnificences de détail de l'église de Brou, consacrée à Saint-Nicolas-de-Tolentin, de ne pas occuper dans l'opinion une place éminente parmi les monuments ecclésiastiques du sud-est de la France. L'architecture religieuse du XVe siècle, dans son ère de vigueur, alors qu'elle n'était pas encore venue, efféminée et molle, enveloppée de profils ampoulés, d'une décoration oiseuse, vendre à la Renaissance le dernier souffle de son énergie et la dernière manifestation d'austérité liturgique du temple chrétien; cette architecture n'est représentée complètement et noblement que par Notre-Dame de Bourg, sur la pieuse terre de Bresse. Un écrivain chaleureusement dévoué à son pays, M. Milliet-Bottier, est le premier qui se soit prescrit la tâche de venger ce majestueux édifice de l'injuste oubli qui plane sur ses arceaux. Son élégant travail parut dans la première livraison de l'*Album de l'Ain*, publication consciencieuse qu'on regrette de n'avoir pas vu se soutenir plus longtemps sur les ailes du patriotisme bressan. Depuis lors, sans renoncer au culte qu'il inspire, on se préoccupa moins exclusivement de Brou, on reporta sur l'ancienne cathédrale de Bourg une partie de cette attention auparavant absorbée par le somptueux monument de Marguerite d'Autriche. J'avais eu plusieurs occasions de dire combien l'imposante simplicité de Notre-Dame me paraissait préférable comme lignes, comme ordonnance générale, à l'ornementation maniérée et confuse de l'église de Brou : cette opinion s'était produite avec la rapidité et l'imprévu de l'éclair, elle illumina quelques esprits, ébranla de vieilles indifférences. Il ne manquait plus à ce temple, pour obtenir une célébrité durable, que les insultes de M. Mérimée. Avec cette suffisance hargneuse dont il a seul le secret, cet écrivain n'a ménagé ni l'église de Notre-Dame, ni sa façade, ni la ville de Bourg tout entière ; il a jugé son clocher sans tenir compte de l'étage démoli que lui enleva 1793 : c'était recommander l'édifice aux monumentalistes sérieux qui savent combien peu les opinions archéologiques de M. Mérimée ont de valeur spécifique, d'autorité et de portée. Aujourd'hui, l'église de Notre-Dame n'a plus rien à demander à la renommée : elle ne peut prétendre à effacer Brou ; mais elle veut régner à côté de lui. A chacun de ces monuments son mérite particulier et son trône distinct..... La ville de Bourg-en-Bresse a, au lieu d'une, deux gloires architectoniques proclamées et reconnues.

Le moment pour dresser la monographie de Notre-Dame est d'autant mieux choisi, qu'un enfant de Bourg vient de lui consacrer, en mourant, une part de son patrimoine. En 1846, décéda dans cette ville, un avocat distingué, M. Alfred Bon, dont toute la vie avait été parcimonieuse et régulière. Il n'avait cessé d'être triste en voyant que nul n'eût jusqu'ici songé à rendre au clocher de Notre-Dame l'étage supérieur que lui ravirent les niveleurs, au début de cette œuvre de destruction qui se serait peut-être étendue à tout l'édifice, si la mort d'un des démolisseurs qui se brisa le crâne sur le pavé du parvis, n'eût arrêté ses frères. Au grand étonnement de ses concitoyens, M. Alfred Bon a légué par son testament, une somme de 20,000 francs pour le rétablissement du clocher de Notre-Dame, dans les conditions monumentales qu'il offrait avant la révolution, stipulant dans le même acte que, si ce capital ne suffit pas pour la réédification projetée, il soit placé à rentes jusqu'au moment où, par l'accumulation successive des intérêts, il se sera élevé assez haut pour couvrir la dépense. Sa volonté posthume, expressément manifestée, est que le clocher de cette église paroissiale de Notre-Dame où il avait été porté en naissant et où ses restes mortels ont été déposés avant d'être mis dans leur dernière demeure, redevienne tel que l'avaient élevé nos pères, en harmonie parfaite avec les dimensions du vaisseau qu'il couronne et la belle place qu'il ombrage. Quand M. A. Bon se promenait, solitaire et recueilli, dans cette verdoyante campagne si pleine de quiétude et de paix, qui entoure la cité de Bourg, ses yeux cherchaient en vain à l'horizon l'ancienne coupole du clocher de Notre-Dame. Sa réédification fut une des principales idées fixes de M. Bon ; son legs est la muette expression de tout ce qui se passait dans le sanctuaire intime de son cœur, à l'endroit du clocher de Bourg : c'est là vraiment une donation intelligente, que la population a reçue avec gratitude et n'oubliera pas. Espérons, nous aussi, que le vœu filial de M. A. Bon ne tardera pas à s'accomplir. Les moyens de reproduction de l'ancien clocher de Bourg sont faciles. Mme veuve Bottier possède une élévation du monument, d'après laquelle fut donné le dessin qui a paru dans l'*Album de l'Ain*. Il en existe encore une représentation fidèle dans le magnifique ouvrage intitulé : *Voyage pittoresque de la France*, dédié au roi (Paris, 1784 — de l'imprimerie de Monsieur), qui malheureusement n'a pas été achevé.

II.

L'église jadis cathédrale de Notre-Dame de Bourg coupe, avec la majesté d'une basilique, l'horizon calme de la cité. Elle offre l'orientation que les chrétiens du nord se sont accoutumés à considérer comme liturgique. Sa façade, absorbée par le clocher posé en tête de l'édifice, n'a pas la robe d'or et la merveilleuse couleur de vieil ivoire ou de marbre de Paros, la solitude basilicale toute romaine de l'église de Brou; mais, conçue dans une idée plus ascensionnelle, sur un plan plus noble, elle ne porte aucune marque d'épuisement ni de désordre dans l'art qui présida à sa structure. Elle n'a point la royale parure et l'éclat de Brou; mais nulle part elle n'est ternie par l'abus des petites choses, par les détails maniérés, par une folle rédondance, par une composition tourmentée. Ferme et mâle, elle présente partout l'appareil d'une architecture disciplinée, imposante et sobre. L'inspiration des clochers de San Lorenzo de Gênes et de Notre-Dame de Dole (Jura), beaucoup plus anciens que celui de Bourg, semble être entrée pour quelque chose dans la composition générale du clocher-façade au pied duquel nous vous prions de nous suivre, bien que le lieu le plus favorable pour le contempler, au point de vue purement pittoresque, soit le perron de la belle demeure où se tient le Cercle, sur la place d'Armes, et qui appartient à M. Milliet-Bottier. La partie centrale du rez-de-chaussée de cette façade, est occupée par une porte richement profilée, à voussures profondes, flanquée de pilastres doriques cannelés, couronnée d'une terrasse. Une zône inscrite entre deux galeries, l'une inférieure qui surmonte la porte, l'autre supérieure, et quatre pilastres toscans, percée d'un immense *oculus* cintré en demi-cercle, à voussures rosacées, d'un développement égal à celui de l'arc de la porte, forme le premier étage au-dessus du sol. La seconde subdivision est accusée par une région flanquée de deux colonnes ioniques, accidentée par une fenêtre à plein-cintre sous les impostes de laquelle rampent des pilastrins et au-dessus de laquelle sont deux guirlandes sculptées en demi-relief. Le troisième étage offre l'appareil de deux baies entre lesquelles est un cadran d'horloge, orné d'un écusson représentant les armes de la ville, qui sont: *parti de sinople et de sable, à la croix de Saint-Maurice-d'argent, brochant sur le tout*, et de deux colonnettes corinthiennes sur les flancs supportant deux pots de fleurs. La quatrième subdivision enfin est occupée par deux fenêtres et un tout petit *oculus* ouvert; à ses côtés, viennent s'amortir les contreforts angulaires, par deux volutes. C'est sur ce dernier étage que reposent les assises de la base octogone de la cinquième subdivision détruite en 1793; c'est avec lui aussi que, pleinement dégagée de toute adhérence aux combles, la tour abandonne la forme carrée pour devenir octogone et s'élancer plus gracieuse et plus svelte vers le firmament. Chaque étage est séparé de son voisin par une corniche saillante. La cinquième subdivision de la façade-clocher de Notre-Dame de Bourg était faite de maçonnerie à angles de moëllons, percée de huit fenêtres, couronnée d'une balustrade et d'une élégante coupole majeure à huit pans, ornée de huit *oculus* et surmontée d'une coupole mineure; au milieu de cette balustrade de la coupole, étaient représentées les armes de France. A la place de cet étage qui complétait l'édifice, et qui a été détruit conformément à cette loi barbare en vertu de laquelle presque tous les clochers du département de l'Ain furent frappés de mort, on a mis sur les assises, intactes malgré les arrachements qu'elles ont subis, la coiffe actuelle posée crûment, *ex-abrupto*, sur un tronc acéphale. Je ne puis mieux comparer l'effet produit par ce rhabillage, qu'à celui qui résulterait d'une tête posée presque immédiatement sur les épaules d'une statue dont le cou aurait été entièrement supprimé. — Observons toutefois que la double coupole qui forme maintenant l'amortissement du clocher de Bourg, est une reproduction assez fidèle de la primitive. Les différentes régions qui concourent à former le clocher de Notre-Dame sont distribuées avec art et avec goût; de fermes contreforts se groupent d'une manière harmonieuse sur ses flancs, rien n'est plus noble ni plus sagement entendu que cette progression graduée des ordres architectoniques. Aujourd'hui, privée d'une base en rapport avec elle, la coupole paraît écrasée; mais jugez de l'admirable effet que dut produire tout l'ensemble de ce clocher, avant le décousu qui se fait remarquer à sa région supérieure, quand ce cinquième étage, invoqué par M. Alfred Bon, montait dans les airs. Deux petites portes latérales dissemblables, sur l'une desquelles (la porte méridionale) on lit le millésime **MDXLV,** pratiquées sur les façades mineures des contre-nefs des, culs-de-lampe et des dais sculptés dans le goût de la Renaissance avancée, composent l'appareil de la grande façade d'orientation. La date de 1545 que nous avons relevée, indique seulement la hauteur à laquelle était arrivé le monument, à l'époque où on l'inscrivit, car en 1650, il n'était pas terminé. Le vaste parallélogramme du vaisseau, dont nulle branche de trans-sept, nulle adjonction ne rompent la régularité, obstrué au midi, est pleinement à découvert au nord, excepté dans son point d'adhérence avec le presbytère. Le temple a pour matière de belles pierres de taille, d'un appareil imposant. Sa toiture est aiguë et faite de tuiles à crochet. L'apside du monument que l'œil embrasse sans obstacle, dans les dépendances du jardin curial, forme sans contredit l'une des plus majestueuses régions de l'édifice. On y voit le rang unique des cinq fenêtres apsidales dont deux bouchées, qui éclairent le sanctuaire. Les cinq pans de ce chœur contrebutés par des contreforts d'un motif énergique et souple tout à la fois, ornés de gargouilles monumentales, sont d'un pittoresque et noble effet. C'est au flanc septentrional de cette apside que j'ai retrouvé avec effusion la précieuse manifestation constatant le troisième mode d'asservation des Saintes Espèces, d'abord gardées dans la maison des fidèles, puis sous le *ciborium* du temple, dans la custode suspendue, conservées enfin dans une niche ou crédence séparée du *sacrificatorium*; c'est le *repositorium*. Le *repositorium* dont on a trop généralement perdu le sens liturgique, est très fréquent en Bourgogne; il s'y produit d'ordinaire sous la forme d'une niche correspondant à l'extérieur par une petite baie finement nervée, destinée à signaler le tabernacle à la vénération publique. Je citerai les *repositorium*, visibles au-dehors, de Merceuil, Meursault, Sainte-Marie-la-Blanche, Serrigny, Mirebeau (Côte d'Or), celui de Gergy (Saône-et-Loire). Quelquefois ils étaient tout intérieurs, comme à Notre-Dame de Grenoble, à Notre-Dame de Semur-en-Auxois, à

Pierre-en-Bresse, à Villars-en-Dombes. On s'était souvent creusé la tête, à Bourg, pour savoir ce que signifiait cette petite ouverture jadis grillée, percée au nord du sanctuaire d'une forme simple à l'extérieur, et voilée au-dedans par le dossier des stalles.... C'est l'ancien *repositorium*.

III.

L'école romane et romano-bysantine ne marque nulle part à Bourg, la plus vieille des cités qui ne remontent pas authentiquement à l'ère antique. Quoique cette ville paraisse avoir été le *Forum Sebusianorum*, il n'en est question que dans la légende de Saint-Gérard qui se retira dans la forêt de Brou (Broglium), en 927. Elle y est désignée sous le nom d'*oppidum Tani*. Dans le XIe siècle, en 1084, elle portait le nom qu'elle a conservé; mais ce n'était qu'une seigneurie. L'énergie de cette nationalité citadine s'est donc développée parallèlement à celle du moyen âge. La tradition populaire qui enveloppe presque tous les grands édifices des temps moyens, et qui veut qu'ils aient été bâtis sur pilotis dans les pays bas, plane sur l'église de Notre-Dame de Bourg. Je ne sais pas jusqu'à quel point elle est fondée. Ce qu'il y a de certain, c'est que l'emplacement occupé aujourd'hui par ce temple avait reçu avant lui une pieuse consécration. A une époque reculée, on découvrit dans ce lieu qui ne faisait point alors partie de l'enceinte de la ville, une image de la Vierge, enfouie dans le sol, au pied d'un saule. Le peuple, saisi d'une fervente dévotion pour elle, lui bâtit un oratoire sur la place même, et y déposa avec respect cet emblème qu'il regardait comme miraculeusement conservé. Ce premier temple était un but de fréquents pélérinages: diverses corporations y ajoutèrent des chapelles desservies par des prêtres qui devaient tous être enfants de Bourg. Il fallait bien que dès l'année MCCCXLI, l'édifice présentât une importante figure, puisque d'anciens titres le désignent par les mots d'*opus mirificum*, et qu'on voit Aymon, comte de Savoie, venir dans son enceinte accomplir un vœu. C'est en commémoration de l'invention de la miraculeuse image, que, chaque année, le deuxième dimanche après Pâques, le tableau qu'on dit être le même que celui trouvé au pied du saule, et l'image de la Vierge, patronne de la ville de Bourg, sont promenés solennellement dans les rues.

Les fidèles entrent dans l'église de Notre-Dame par les trois portes de la façade et une quatrième petite porte latérale, pratiquée sur le flanc méridional du vaisseau, correspondant à une ruelle, et qu'on a récemment transférée à quelques pas de distance du point qu'elle occupait jadis. Mais, avant de franchir le seuil de l'édifice, esquissons rapidement sa courte histoire, comme siége épiscopal.

Les constructions du monument actuel ont commencé par le chœur. Après 1490, Jehan de Loriol, prieur de Brou, fit abattre l'église primitive et bâtir le sanctuaire que nous voyons. En 1515, la partie édifiée fut érigée en cathédrale, à la sollicitation de Louis de Gorrevod, qui fut fait évêque de Bourg. La bulle d'érection fut retractée l'année suivante, à la prière de François 1er. En 1521, le siége de Bourg fut rétabli ; mais le même prince ayant conquis la Bresse, en 1535, obtint de Paul III, par l'entremise de l'archevêque de Lyon, une nouvelle bulle de suppression. Philibert de Chales, deuxième évêque de Bourg, protesta contre cette révocation et s'opposa vivement à l'exécution de la mesure : son opposition n'a jamais été jugée, *adhuc sub judice lis est*. La chaire pontificale de Bourg a vraiment joué de malheur.

C'est et ce sera toujours une circonstance remarquable à Bourg que ce contraste de deux églises, l'une si sobre, si sévère, dans un siècle d'intempérance architectonique, l'autre si richement brodée sur toutes les coutures. Il en est de ces deux monuments comme de l'église des Grands-Cordeliers, à Lyon, et de cette autre église des Cordeliers-Observantins, qu'une déférence stupide pour des prétendus besoins hippiatriques, a fait récemment démolir, à la consternation générale des Lyonnais. Les humbles corporations d'ouvriers qui se cotisaient pour ériger les chapelles de Notre-Dame, ne possédaient pas les trésors de Marguerite, et ne pouvaient point, comme elle, faire venir des artistes renommés des Flandres, de la Bourgogne et de l'Italie, à l'imitation de nos anciens ducs souverains, de la branche des Valois. Guichenon, l'historien du pays de Bresse, rapporte que Marguerite d'Autriche fit élever Brou contre l'avis de son conseil et de la cour qui désiraient qu'elle achevât l'église de Notre-Dame, plutôt que d'entreprendre une construction nouvelle. Cette princesse ne fit jeter les premiers fondements de Brou qu'en 1511, tandis qu'on travaillait déjà à Notre-Dame depuis la bulle obtenue du pape Jules II, vers 1506. « Il restera toujours comme digne de mémoire, dit M. Milliet, que ce monument commencé avant Brou, et probablement continué en même temps, n'ait pas ressenti l'impulsion que devait donner alors ce nombreux concours d'artistes habiles qui, à quelques pas de là, créaient tant de chefs-d'œuvre ». L'église de Notre-Dame, élevée par la religion du peuple, voulut être dogmatique dans son architecture : à Brou, au contraire, l'ordonnateur des travaux était une femme aimant les fantaisies du boudoir jusque dans les tombeaux, et le luxe jusque dans les monuments de sa douleur. Les larmes de cette femme étaient enveloppées d'or.

Le fidèle, en entrant dans l'église de Notre-Dame de Bourg, se sent naturellement ému et prédisposé au recueillement. Ce temple, qui offre à son chevet une légère trace de déviation liturgique, se compose d'une nef majeure, close par une apside pentagone, de deux contre-nefs terminées par une apside carrée, et de chapelles latérales échelonnées sous les nefs secondaires. Le trans-sept n'y paraît pas même à l'état d'esquisse. Les dispositions du vaisseau sont si heureuses, la suppression du jubé qui devait nuire à l'effet général, a exercé une influence si favorable au développement des lointains, que cette église, bien que bâtie sur une échelle moins vaste, semble infiniment plus grande que celle de Brou. Saint Nicolas-de-Brou offre soixante-dix mètres de longueur dans œuvre, et vingt de hauteur sous voûte ; Notre-Dame n'est longue que de soixante-cinq mètres et n'est haute que de dix-huit. La nef majeure chemine imposante et large entre six entrecolonnements pour chaque côté, y compris celui qu'occupe la tribune de l'orgue. Les arcades qui forment ces percées, ont une courbe ogivale timide et affaissée, comme toutes celles de cet âge. Le troisième entrecoonnement, à gauche du spectateur partant du parvis, fait seul exception à la règle ; il est courbé en anse de panier, par suite d'un de ces caprices d'architecte qu'on ne saurait expliquer clairement. Six croisées un peu grêles, dont deux trèfles et un cœur constituent le fenestrage, correspondent, sur chaque flanc, aux six percées de la nef majeure. Comme à Notre-Dame de Dôle, il y a trop d'espace vide entre ces baies et l'extrados des arcades ogivales ; et les fenêtres sont placées trop près de la voûte. Il eût fallu pour remplir cet intervalle, cette zône lisse et nue, le *triforium* de Saint-Nizier de Lyon, imité avec tant de bonheur dans l'église de Pérouges (Ain). La voûte, faiblement ogivale, est ornée de clefs et de nervures compliquées qui se croisent. Tous les piliers de soutènement, les nervures et les arcs-doubleaux qui divisent en zônes les diverses travées de la voûte, sont à moulures prismatiques. Les piliers, par conséquent, sont privés de chapiteaux et viennent se marier immédiatement aux arcades qui les absorbent dans leur partie supérieure. Ceux de la première travée, beaucoup plus robustes que les autres pour supporter, sans fléchir, le fardeau du clocher, sont demeurés massifs et bruts. Le porte-orgue est une œuvre du XVIe siècle, dont on admire la riche balustrade. L'orgue actuel, qui passe pour excellent, ne date que de 1835. Sous la cinquième travée de voûte, se développe un avant-chœur, représentant la *Solea* des basiliques constantiniennes. C'est aux limites de cet emplacement que se trouvait un jubé dont j'ai reconnu les vestiges, jubé qui fut peut-être plutôt destiné à servir de base monumentale à une croix ou à un calvaire, et de clôture majestueuse au chœur, qu'à l'usage de tribune pour la lecture de l'Epître et de l'Evangile. Après l'avant-chœur vient le *presbyterium*, séparé de la première enceinte par une table de communion de marbre. Au centre de cet espace sacré, s'élève l'autel majeur, couronné d'un dais suspendu à la voûte, qui rappelle le *ciborium* des basiliques latines. Au-delà de l'autel majeur est le chœur qui va particulièrement fixer notre attention.

L'apside majeure de Notre-Dame n'a point l'arc ogival indécis et rampant des pacées de la nef. Sa voûte plus ferme témoigne de l'époque où l'architecture *gothique* s'était moins sensiblement éloignée de sa majesté et de son énergie premières. Cette région se compose d'abord d'une travée aveugle, remarquable par de riches clefs de voûte alvéolées, représentant les emblêmes des évangélistes (un seul manque, et il serait utile de le remplacer), puis de l'apside ou *tribune* proprement dite, dont la voûte offre cinq lunettes correspondant à cinq croisées, deux latérales bouchées, trois richement ouvertes et richement fenestrées. Les trois baies apsidaires ouvertes présentent un immense développement : elles occupent presque tout l'espace entre l'aire du temple et sa voûte. Elles sont traversées horizontalement par une corniche très-ornée, à feuilles de chardon, qui les partage en deux régions. Le fenestrage est d'une grande somptuosité, surtout à la zône inférieure, mais il a le tort de n'y être pas à sa place, étant disposé de manière à figurer une croisée renversée, ce qui est d'un goût aussi équivoque qu'une église fermée par deux apsides, à sa façade et à son chevet. Les nervures de la voûte, partant d'une clef pendante extrêmement hardie, s'épanouissent avec grâce et viennent se confondre avec celles de la zône supérieure des fenêtres apsidales. Ces baies sont décorées de verrières peintes précieuses du XVe siècle, représentant des scènes de l'Ancien et du Nouveau Testament. La décoration, meuble de l'apside majeure de Notre-Dame de Bourg, est en harmonie avec son architecture. Son pourtour est orné d'un double rang de stalles dont les dossiers sculptés offrent dix-sept personnages de chaque côté. Les accoudoirs, les placets, les revers des placets sont de naïves et curieuses épreuves de la caricature nationale qui s'essaya dans les temples par la sculpture. Au centre de cette région, l'observateur remarquera un crucifix en ivoire, l'un des plus beaux que je connaisse. Somme toute, le chœur de Notre-Dame est un des plus précieux monuments de l'architecture et de la décoration de ce XVe siècle, qui fut toujours ou très pauvre ou très riche.

Le système des contre-nefs, fermées par des apsides carrées, est répété de la nef majeure. Sept chapelles se rangent sous le collatéral méridional : six seulement s'ouvrent sous la nef mineure du nord, la septième étant absorbée par le vestibule de la sacristie. Probablement érigées par des confréries de femmes, les chapelles du flanc septentrional, sont plus larges que celles du côté opposé.

Dans la première, à gauche en entrant, vis-à-vis le baptistère, on remarque une charmante niche-crédence du XV° siècle; dans la troisième, sur un vitrail peint, exécuté grossièrement, mais non pas d'une façon *ignoble*, comme l'a dit l'incroyable M. Mérimée, est représenté le martyre de Saint Crépin et de son compagnon. Cette peinture transparente exceptée, les chapelles et la nef de Notre-Dame n'ont aucune verrière peinte. Le zèle intelligent de M. Huet, archiprêtre-curé de cette église, en promet une à une fenêtre récemment pratiquée et imitée de l'ère *gothique* qui règne dans le temple. Dans la chapelle apsidaire consacrée à la sainte Vierge, sous la contre-nef méridionale, est un tableau dessiné dans la manière énergique et large de Michel-Ange, et rappelant le coloris de Murillo; dans celle qui lui est contiguë, se trouve encore un excellent tableau sur bois, représentant saint Jérôme dans le désert. Parmi les objets mobiliers de ce temple, n'oublions pas de signaler le bel aigle servant de lutrin, à base du XVII° siècle, et surtout la chaire à prêcher, œuvre admirable du XVIII°, adhérente à un pilier de la maîtresse-nef. Cette chaire, ainsi que les stalles, a été restaurée avec une habileté surprenante par un ouvrier de Bourg, qui a su s'élever d'instinct au rôle inspiré de l'artiste, le sieur Bontemps. La sacristie de Notre-Dame est presque l'image de ces sacristies monumentales de l'Italie, qui forment de véritables musées chrétiens : elle possède plusieurs trésors, entr'autres deux tableaux du XVI° siècle, du plus grand prix, et deux autres fort remarquables du XV°, tous quatre peints sur bois. Les deux plus petits proviennent d'un tryptique.

Je n'ai pas à parler de la merveilleuse peinture byzantine conservée religieusement en une sorte de tabernacle dans cette sacristie : elle n'est point du domaine des regards vulgaires, et ne peut être exposée aux yeux que dans des circonstances exceptionnelles. Bonaparte, vainqueur de l'Italie, avait exilé à Bourg plusieurs prélats romains. Rentrés dans leur patrie, ils dotèrent Notre-Dame de cette collection de tableaux de chemin de croix, qu'on voit aux angles des piliers latéraux de la nef, et qui donneraient une assez pauvre idée du goût romain, si on en jugeait par eux, comme les feuilletonistes voyageurs de Paris jugent des nationalités par une servante d'auberge.

Les dalles qui couvrent l'arc du vaisseau, n'ont rien de remarquable.

IV.

Je préfère, je l'avoue, la majesté calme de Notre-Dame de Bourg à la splendeur compliquée de Saint Nicolas de Brou : quelle différence entre les façades des deux monuments, l'une sagement combinée, de la base au sommet, s'élevant dans les airs, sans emphase et sans enflure, l'autre tourmentée dans sa profilation, offrant une superfétation de petites choses qui semblent avoir inspiré le mauvais goût des églises bâties par les Jésuites, et déprimée vers la terre au lieu de monter vers le ciel ! Oh ! comme elle règne bien, solennelle et grave, cette belle église de Notre-Dame, au milieu de la pacifique cité de Bourg, dans cette couleur tranquille de l'atmosphère bressanne, dominant toutes ces pieuses communautés que sa voix réjouit, que son ombre sanctifie, et toutes ces rues courbes, ces maisons historiques du vieux Bourg, dont le nombre hélas ! diminue chaque jour, sous l'influence de notre civilisation. Bourg, la ville sainte, la ville recueillie par excellence, désire ardemment que le vœu de M. Alfred Bon, relativement au clocher de Notre-Dame, ne demeure pas stérile.

Le service divin s'exerce avec noblesse dans l'église paroissiale de Bourg, conformément à la liturgie lyonnaise, la seule qui, avec celle de Milan, fasse revivre dans ses rites les ineffables usages de l'église d'Orient, et rappelle dans la célébration de la messe l'austère synaxe des Grecs. Le diocèse de Belley appartient à la province ecclésiastique de Besançon ; mais, confondu avec celui de Lyon, depuis la restauration du culte en France jusqu'au rétablissement de son siége épiscopal, il s'est accoutumé à regarder l'Eglise de Lyon comme sa mère, et il a eu le bon esprit d'en continuer les rites. Si l'église de Notre-Dame n'est plus cathédrale, elle a bien des motifs de consolation, par la présence presque habituelle de

Mgr l'évêque de Belley, au sein de cette ville de Bourg qu'il affectionne particulièrement. Ne terminons pas ce fragment sans dire que Notre-Dame possède une belle sonnerie, qui malheureusement n'est point assujettie aux règles liturgiques de la sonnerie lyonnaise. M. Jules Baux va donner l'histoire du monument dont je viens de dresser la monographie : nous nous sommes ainsi partagé le travail ; l'un aura mis en œuvre les documents écrits, l'autre aura publié les documents bâtis.

Il me reste maintenant à écrire la monographie complète de Saint-Maurice, de Vienne, promise à la *Revue du Lyonnais*, puis je reprendrai le cours de mes excursions autour du Lyonnais, et ferai paraître successivement les esquisses à main-levée de Beaune, Nuits, Villefranche-sur-Saône, Montluel, Tournus, Bourg-en-Bresse, Valence et Vienne.

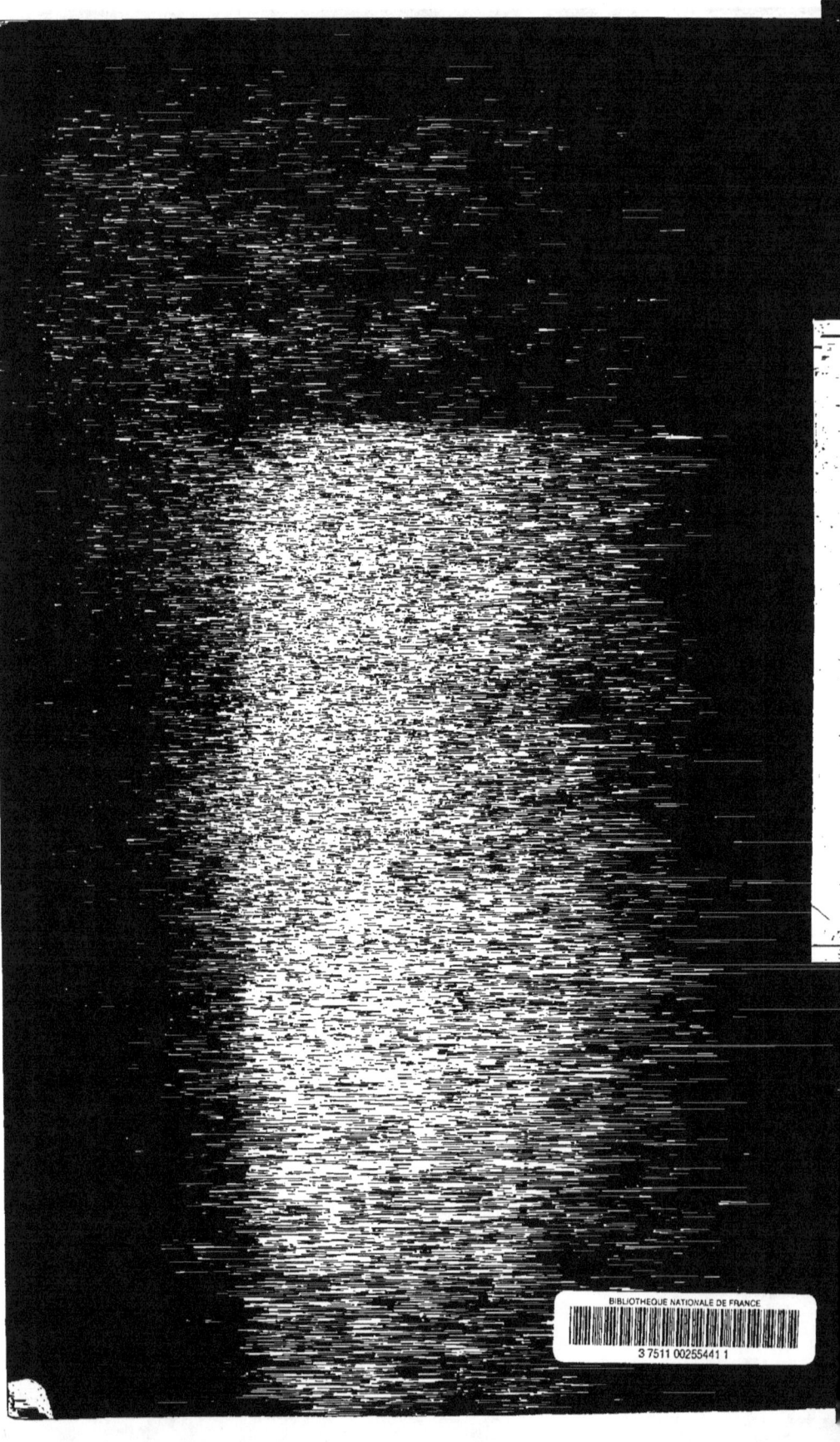

www.ingramcontent.com/pod-product-compliance
Lightning Source LLC
Chambersburg PA
CBHW060444050426
42451CB00014B/3215